AVENIR DE LA FRANCE

ET DE LA COCHINCHINE

COMPAGNIE L'UNION DES MERS

AVENIR

DE

LA FRANCE

ET DE

LA COCHINCHINE

COMPAGNIE L'UNION DES MERS

COMMERCE ET MARINE DE FRANCE ET D'ANGLETERRE

Tribut de 80 millions!!!

PAR

Edmond FOURNIER

> La vapeur révolutionnera l'industrie des deux mondes.
> L'industrie et le commerce font la force des nations.
> Le commerce seconde l'industrie.
> La navigation unit les peuples.
> L'agriculture et l'ordre guérissent les maux de l'État.

PARIS

TYPOGRAPHIE BONNET. — LESUEUR, BAILLEHACHE ET Ce
rue Vavin, 42.

1865

TABLE DES MATIÈRES

INTRODUCTION

La France, depuis un demi siècle, est, comme chacun sait, le berceau des idées nouvelles, des réformes et des grands évènements ; c'est elle qui porte constamment le progrès et la civilisation chez les nations voisines, et qui, depuis la création des chemins de fer et des bateaux à vapeur, semble être la terre promise où tous les hommes éclairés se donnent rendez-vous. Il est beau pour notre pays que ce soit ainsi ; mais ne voit-on pas que, d'un autre côté, il perd de sa grandeur et de sa puissance? Ne voit-on pas que les progrès, dans le commerce et l'industrie, y sont presque stationnaires? Ils le sont malheureusement que trop ; car loin de tenir le premier rang, comme cela devrait être, notre pays peut bien sans injustice être placé sur la ligne des moins avancés. L'Angleterre, sur ce point important, nous précède d'une grande distance. Il est donc urgent, si la France tient à conserver le rang de première nation civilisatrice de prendre promptement des mesures nouvelles pour donner un essor considérable à notre commerce, à notre marine marchande et à notre industrie. La nécessité s'en fait tous les jours de plus en plus sentir, et le gouvernement lui-même l'a le premier reconnu en établissant le régime des libertés commerciales ; il a fait plus encore, il a envoyé nos armées sur tous les points du monde pour nous ouvrir les ports où nous sommes appelés à exercer notre influence. Les villes et les ports de la Chine et du Japon se sont ouverts devant nos armes, qui nous ont créé en Cochinchine une station dans ces contrées extrêmes de l'Orient. Tout est donc préparé pour la lutte par notre gouvernement prévoyant et sage, et cette lutte n'attend pour porter ses fruits que notre COURAGE ET NOTRE INITIATIVE. Laisser passer du temps encore sans agir, ce serait s'exposer à perdre le prix de tous nos efforts. Le moment est enfin venu, où chacun doit s'éveiller et prêter son concours à cette nouvelle lutte que nous préparent la civilisation et le progrès. Déjà deux nations rivales, l'Angleterre et les Etats-Unis, sont entrées dans la voie nouvelle que nous devons suivre, et, les premières, elles auront recueilli le fruit de nos victoires et de nos brillants faits d'armes dans l'extrême Orient. Il est urgent que nous nous pressions aussi pour y prendre rang et commencer à partager la moisson de richesses dont elles disposent actuellement en souveraines. Des débris épars de notre commerce, qui iraient dans ces contrées, ne sont point appelés à lui conquérir le rang qu'il doit occuper dans le monde, IL FAUT que nous nous unissions tous pour cela, que chacun y apporte sa part d'intelligence et de fortune. L'association est la seule voie à prendre, si nous voulons arriver SÛREMENT à la réussite : imitons en cela nos rivales, FORMONS DES ASSOCIATIONS PUISSANTES ET NOMBREUSES, et munis des MÊMES ARMES QU'ELLES, nous pourrons soutenir la lutte et conquérir le rang que notre industrie, notre commerce et notre marine marchande, en souffrance, attendent impatiemment.

L'association peut seule créer les grandes choses, et par elle seulement, on peut espérer d'arriver à de grandes entreprises et faire des expéditions lointaines; SEULE ELLE PRÉSENTE UNE PUISSANCE FORTE ET VASTE DANS UNE VOIE OU DES FORTUNES PARTICULIÈRES NE SAURAIENT S'AVENTURER NI RÉUSSIR.

Nous avons cru bien faire pour notre pays,

après nous être fortement pénétré de ces idées importantes, en donnant le signal de l'initiative individuelle, qui, bien comprise par tous, est appelée à devenir dans le monde le levier le plus puissant du progrès et de la richesse.

Nous avons aussi réuni dans la brochure qu'on va lire, les faits principaux qui peuvent servir à porter la lumière dans l'importante question qui nous occupe. On y trouvera la comparaison de la puissance des marines marchandes de France et d'Angleterre ; des observations sur le commerce de ces deux nations, et sur la nécessité du commerce en général, de même que sur la nécessité et la puissance des associations ; enfin on trouvera un plan de colonisation de notre colonie de Cochinchine, et des renseignements pour l'organisation d'une compagnie, sous la dénomination de COMPAGNIE L'UNION DES MERS, destinée à porter notre influence dans l'extrême Orient et à frayer la voie que d'autres ne tarderont pas, sans doute, à suivre.

AVENIR DE LA FRANCE

ET

DE LA COCHINCHINE

COMPAGNIE L'UNION DES MERS

CHAPITRE PREMIER

**Origine et nécessité du commerce. — Influence
du commerce sur le bien-être des peuples.**

Le commerce est inhérent à la société, et les
peuples de tous les temps on fait des échanges.
Parmi ceux qu'il a enrichis, on distingue, dans les
temps anciens, les Babyloniens, les Phéniciens, les
Égyptiens, les Carthaginois, les Arabes et les Grecs.
Au moyen âge et dans les temps modernes, nous
avons eu les villes libres de l'Italie, telles que Venise, Gènes et Florence ; dans le nord de l'Allema-
gne, les villes libres hanséatiques, parmi lesquelles
sont, en première ligne, Lubeck, Brême et Ham-
bourg ; plus tard, nous voyons la Hollande et le

Portugal ; de nos jours, l'Angleterre et les États-Unis ; Marseille aussi a été, depuis de nombreuses années, une des villes où se sont traitées les grandes affaires commerciales.

Le commerce comprend le fait des importations et des exportations : ces deux mots signifient échange. C'est la source première de la prospérité et de la grandeur matérielle des nations. Le commerce intérieur et le commerce extérieur, étroitement solidaires, s'élèvent et grandissent l'un par l'autre, car il n'y a pas de grand commerce intérieur, de grandes productions agricoles, industrielles et manufacturières, que là où il existe un grand commerce international et réciproquement. Le rôle propre du commerce extérieur, en effet, c'est de lier les nations entre elles, c'est de stimuler leur génie d'entreprise, leur travail et leur production, en appelant chacune d'elles à verser, sur les autres nations, l'excédent disponible de sa production spéciale, comme à leur demander, pour sa consommation, une part de la production qui lui est propre. C'est ainsi que l'Amérique, les Indes-Orientales, la Chine, l'Australie, les côtes d'Afrique, exportent, aux pays d'Europe, les sucres, les cafés, le tabac, le thé, les épices ou autres denrées tropicales, comme aussi aux plus avancés d'entre eux dans le commerce industriel, la soie, la laine, le coton, le chanvre, l'ivoire, les bois d'œuvre, les cuirs, les

gommes, les métaux précieux, dont l'Occident européen leur renvoie la contre-valeur en tissus, en
vins, en meubles, en outils, en instruments, en machines, en ces mille autres articles de confort, de
goût, d'art, de science, que fabriquent et versent
sans relâche ses milliers d'ateliers dissémi nés etde
foyers industriels.

Grand et beau spectacle que cet incessant mouvement de travail, de création et d'échange ! Et
que signifie-t-il? si ce n'est qu'en diversifiant les
conditions physiques et climatériques, comme les
facultés productives et le génie même des races et
des peuples, en traçant, pour ainsi dire, sur notre
planète, les zônes du blé, de la vigne, de la soie,
de l'olivier, du fer, de la houille, etc..... Dieu, lui-
même, a voulu appeler, inviter les nations à l'é-
change des biens qu'il a départis à chacune d'elles,
selon ses aptitudes et ses vocations particulières ! Et,
à ce point de vue, n'est-on point fondé à dire que la
liberté du commerce est véritablement d'ordre et de
droit naturel ? Qu'elle est, en d'autres termes, le
but final et l'une des plus hautes expressions du
progrès des sociétés ? Progrès qui n'est pas seulement matériel, car l'extension du travail et du commerce n'est-il pas, avec le resserrement des liens
internationaux, la plus sûre garantie de la fusion des
intérêts des peuples, comme l'une des meilleures.
conditions aussi de leur ordre matériel et intellectuel.

CHAPITRE II

Nécessité et puissance de l'association.

On lit dans le *Dictionnaire du commerce et de la navigation* : « L'association est un des moyens les plus féconds de la civilisation et du progrès sous toutes les formes : progrès politique, progrès religieux, progrès scientifique, progrès matériel. Le développement de l'esprit d'association, entre les capitalistes et les travailleurs, est un des plus grands besoins de la production ; c'est cet esprit qui a multiplié les sociétés de toute espèce, civiles, commerciales, financières, industrielles, maritimes, agricoles ; qui a créé d'admirables institutions scientifiques ou charitables, et les plus beaux établissements de l'industrie moderne, les exploitations des mines et des carrières, les canaux, les chemins de fer, les banques, les assurances en général, et qui n'auraient jamais existé sans lui. Quel individu eût jamais été assez riche, assez puissant pour entreprendre un chemin de fer, une société d'assurances? Peu de personnes auraient voulues engager toute leur fortune dans de pareils projets, rendus faciles, de nos jours, par la réunion de deux où trois cent mille associés ou actionnaires, ne risquant qu'une faible portion de leur fortune, pour se créer une part de propriété dans une grande compagnie. Sans le développement de l'esprit d'association, aurait-on pu songer, de nos jours, à canaliser l'isthme de Suez, et à faire une communication entre les deux océans, sur le territoire de l'Amérique centrale, à percer les Alpes et les Pyrénées, à passer la Manche sous un tunel, après avoir heureusement effectué un tunel sous la Tamise?

« Les inventeurs, les entrepreneurs, les ouvriers habiles, c'est-à-dire l'intelligence et le travail, trouveront, dans l'esprit d'association, un puissant auxilliaire pour se procurer le capital et les moyens nécessaires d'appliquer leurs découvertes, et de développer leur industrie ; il est essentiellement profitable aux propriétaires fonciers, aux capitalistes, aux ouvriers, *parce qu'il provoque* la mise en œuvre et l'emploi des fonds, des capitaux et des facultés industrielles.

» L'association, *l'expérience le démontre*, est donc un principe d'une admirable fécondité ; en réunissant les forces individuelles en un foyer, il CEN-

TUPLE LA PUISSANCE. Dans *l'industrie et le commerce en particulier, il est susceptible des plus nombreuses et des plus heureuses applications ;* IL N'EST, POUR AINSI DIRE, PAS DE TRAVAUX QU'IL NE PERMETTE A L'HOMME D'ENTREPRENDRE.

» *Enfin, l'association peut seule tenter les opérations aventureuses, qui semblent offrir des chances brillantes, mais trop incertaines pour des particuliers isolés : telles sont toutes les entreprises nouvelles, les expéditions lointaines, certaines voies de communication, l'exploitation des régions inconnues ou les exploitations des pays éloignés.*

» *Dans cette spécialité, si l'on peut parler ainsi, l'esprit d'association rendra* LES PLUS GRANDS SERVICES, *soit que les entreprises réussissent, soit qu'elles succombent, car elles ouvrent toujours les voies où d'autres entreprises collectives ou privées prospèrent.* C'EST AINSI QUE QUELQUES PEUPLES, L'ANGLETERRE ET LES ÉTATS-UNIS, NOTAMMENT, SE SONT DISTINGUÉS, LES PREMIERS, PAR DES ENTREPRISES GIGANTESQUES, DONT LES RÉSULTATS ONT PUISSAMMENT CONTRIBUÉ A LEUR RICHESSE, A LEUR PUISSANCE ET A LEUR GLOIRE. »

On trouve écrit, dans le même ouvrage, au mot *Compagnies privilégiées :*

« Si le temps des faciles concessions, des priviléges, est ajourd'hui passé en Angleterre comme sur le continent, en revanche la navigation à vapeur a déterminé, dans les pays maritimes, l'établissement de nombreuses compagnies vouées à ce genre d'entreprises,

» *L'Angleterre et les Etats-Unis possèdent de nombreuses et puissantes compagnies de ce genre.*

» Observons que, d'ailleurs, dans aucun pays il n'existe un plus grand nombre de compagnies sous la forme d'associations libres pour des entreprises de toute nature.

» Or, est-il dit autre part, toutes les nations *intéressées aux expéditions lointaines,* s'accordent à redoubler d'efforts dans cette voie, les correspondances transatlantiques s'organisent de toutes parts, et, sous peine de déchoir, les puissances de premier ordre ne sauraient négliger cet instrument fécond d'influence et de richesses. »

CHAPITRE III

Conparaison des marines marchandes de France et d'Angleterre. — Causes d'infériorité de la marine marchande en France.

Pendant ces quinze dernières années, la marine marchande à vapeur a fait de grands progrès en tous pays, mais surtout en Angleterre.

La France n'a pas sensiblement augmenté le nombre de ses bateaux à vapeur depuis bon nombre d'années, et elle se trouve, par rapport à l'Angleterre, dans une condition bien inférieure.

Pour en donner une idée fort exacte, voici deux tableaux comparatifs des deux marines pendant ces six dernières années.

ROYAUME-UNI.

ANNÉES.	BATIMENTS A VOILES.		BATIMENTS A VAPEUR.	
	NAVIRES.	TONNEAUX.	NAVIRES.	TONNEAUX.
1858...	25,615	4,205,270	1,926	452,462
1859...	25,784	4,226,355	1,918	436,836
1860...	25,663	4,204,360	2,000	454,327
1861...	25,905	4,300,548	2,133	506,308
1862...	26,212	4,396,509	2,228	537,894
1863...	26,339	4,733,212	2,298	594,861

FRANCE.

ANNÉES.	BATIMENTS A VOILES.		BATIMENTS A VAPEUR.	
	NAVIRES.	TONNEAUX.	NAVIRES.	TONNEAUX.
1858...	14,863	983,255	324	66,587
1859...	14,718	959,936	324	65,006
1860...	14,595	928,099	314	68,025
1861...	14,738	910,725	327	73,267
1862...	14,794	903,590	338	78,984
1863...	14,747	900,317	345	84,948

La construction des premiers bateaux à vapeur remonte à 1826, et, aujourd'hui, l'Angleterre possède un effectif de 2,298 steamers. Si l'on ne tient compte que des bâtiments employés à la navigation maritime, le chiffre s'élève à 1,033, c'est-à-dire qu'il est triple de celui de notre marine marchande à vapeur. Encore n'est-il question que du nombre des navires, car si l'on supputait le tonnage et la force des chevaux, l'on arriverait à constater des différences plus importantes.

Quant aux bâtiments à voiles, on reconnaît aussi que leur nombre, en Angleterre, est considérablement plus grand qu'en France.

On s'est demandé à quelles causes sont dus les progrès de la marine marchande d'Angleterre, et qu'elle est l'origine du développement de sa puissance maritime. — L'Angleterre a de grands débouchés, d'énormes capitaux et surtout elle peut se procurer, à bas prix, les matières premières ; néanmoins l'art des constructions est aussi avancé dans d'autres pays, en France, par exemple. Les bonnes machines françaises valent autant et même mieux que les machines anglaises. On estimait en France, avant la réduction des droits sur les fers, le prix moyen du cheval de force à 1,200 fr. pour les bâtiments pourvus de grosses machines, et à un peu moins pour les machines moins fortes. On évalue aujourd'hui, en Angleterre, le prix moyen du cheval de force de 40 à 45 livres sterling (1,000 à 1,125 francs). Même en tenant compte de la réduction sur les fers, c'est une différence sans doute qui tient à la fois de la diversité des prix dans les deux pays, tant sur la matière première que sur les frais généraux d'établissement, mais qui diminue d'importance si l'on fait attention qu'elle est compensée en partie par l'infériorité de la main-d'œuvre. Quant à la durée des bâtiments, on s'accorde à reconnaître qu'elle est la même dans les deux pays.

Les véritables causes de la supériorité de la marine marchande de l'Angleterre sont ailleurs; ses progrès dépendent surtout de la puissance de son industrie, de l'étendue de ses relations commerciales et maritimes, du caractère persévérant et infatigable de la nation pour les entreprises lointaines. Un grand ingénieur a fait observer, avec beaucoup de justesse que pour faire des navires à bon marché, il fallait en faire beaucoup, et que c'était précisément la raison pour laquelle la fabrication française était restée, jusqu'à présent, inférieure à celle de l'Angleterre. Ce n'est donc pas, au seul point de vue de l'art, mais de la production, que la France n'est pas en état de lutter avec l'industrie anglaise.

Le commerce général de l'Angleterre avec les colonies et les puissances étrangères embrasse une masse de produits représentant en valeur à peu près le double de notre commerce extérieur. L'Angleterre est non-seulement un grand centre d'importation et d'exportation, c'est encore *un immense entrepôt qui reçoit les produits de tous les points du globe. La marine est son moyen le plus actif de com-*

munication. L'importance de ses possessions coloniales SURTOUT *contribue au développemeent de sa marine.* Si l'on songe que la population coloniale de l'Angleterre est évaluée à plus de 178 millions de sujets; que le mouvement de sa navigation coloniale comprend, à l'entrée et à la sortie, 111,319 navires jaugeant 26,695,611 tonneaux, on s'explique la puissance maritime de l'Angleterre, on s'explique aussi la faiblesse de la marine française si l'on compare la population de nos colonies, évaluée à 5 ou 6 millions d'habitants, avec celle de l'Angleterre; on se l'explique encore si l'on considère *le peu d'étendue de nos relations commerciales, et l'*ABSENCE DE NOS CAPITAUX DANS LES SPÉCULATIONS EXTÉRIEURES.

CHAPITRE IV

La marine marchande, le commerce et l'industrie ne sauraient prospérer séparément : c'est ainsi qu'en France, on a cherché, *en vain*, à protéger l'industrie manufacturière et l'agriculture sans protéger également le commerce. Mais aujourd'hui que le commerce est à son tour protégé par le gouvernement, l'industrie et l'agriculture ne doivent plus rencontrer d'obstacles à leur avancement. Le commerce est le gage assuré de la production, car c'est lui qui, chaque jour, en ouvrant de nouveaux débouchés, stimule ces industries à la production. Nos produits sont-ils inférieurs à ceux de nos rivaux? Le commerce le fait connaître et engage à l'amélioration. C'est alors, mais seulement alors, que les concours

et les expositions sont utiles, parce qu'ils per-
mettent aux producteurs de comparer leurs produits avec ceux de leur rivaux, de prendre note des
différences, de s'éclairer et de faire les améliora-
tions utiles.

Le gouvernement impérial, en étendant la liberté
du commerce, a établi l'équilibre qui doit régner
entre les puissances productrices ; *c'est à nous*
maintenant de soutenir cet équilibre, et d'agrandir
ces puissances en les stimulant l'une par l'autre.
La grande œuvre qui s'accomplit en Egypte est la
première de nos destinées futures : le canal de Suez,
une fois ouvert, peut-on douter que Marseille et
Paris ne prennent la place de Liverpool et de Londres, si les Français mettent, dans les entreprises
commerciales, cette énergie qu'on leur voyait à
l'assaut de Sébastopol, à la prise de Pékin et à la
conquête du Mexique ? Les Anglais ont bien
compris que le canal de Suez serait préjudiciable à
leur commerce et avantageux aux peuples du bassin de la Méditerranée ; mais leurs efforts ont été
impuissants contre le progrès qui s'avance vers
l'Orient, et si Gênes et Venise ne sont plus là pour
couvrir la Méditerranée de leurs flottes, Marseille
pourra bien être appelée à prendre leur place, et
Marseille la prendra, sans doute, si nous ne restons pas
plus longtemps dans l'expectative des événements futurs.

N'attendons pas davantage pour donner à notre

commerce le rang qu'*il doit avoir*. Qui nous re-tient pour cela? Nos fortunes particulières sont petites et disséminées, il est vrai, mais unies entre elles, elles n'en ont pas moins de force. *Qu'on ne vienne pas dire que la France est dépourvue d'argent.* Non! Ce serait maladroit au moment même où elle vient de souscrire pour 400 millions de francs aux emprunts de la ville de Paris. — Quand nous serons préparés à faire appel à la France pour créer sa fortune future, elle aura bientôt fourni plus de fonds qu'il n'en faudra pour cela. — Dans les provinces et dans les villes même, combien de petits et de gros capitaux qui demeurent presque improductifs, *faute d'une bonne voie d'écoulement;* ils passent de la main d'un voisin dans celle d'un autre, sans enrichir ni l'un ni l'autre. — Pourquoi prêtons-nous des mil-lions et des milliards *aux gouvernements étrangers?* Pourquoi plaçons-nous nos capitaux *sur les mau-vaises valeurs de chemins de fer étrangers ?* Pourquoi? Parce que nous avons TROP D'ARGENT ET QUE NOUS NE SAVONS OU L'EMPLOYER. Mais alors que nous reconnaissons notre erreur, pourquoi ne pas employer ces fonds à créer de nombreuses sociétés qui porteront notre influence sur tous les marchés du monde, en concurrence avec nos voi-sins de la Grande-Bretagne, qui sont riches PARCE QUE SEULEMENT ILS ONT EMPLOYÉ LES MOYENS FÉCONDS QUE NOUS SIGNALONS? Pourquoi ne construirions-nous pas de nombreux navires pour égaler leur puissance, à eux, qui en possèdent *trois fois plus que nous ?* Pourquoi laisser nos colonies improductives? Pourquoi n'irions-nous pas à l'étranger, en Amérique par exemple, et en Asie, faire des entreprises industrielles, comme font les Anglais, qui n'y laissent rien à faire? Ne sait-on pas que, dans ces pays, l'argent vaut dans les banques 10, 12 et 15 francs par cent d'intérêt annuel, et que, chez les particuliers, il produit 15 à 25 francs pour cent? Peut-on attendre moins dans les spéculations?

Nous préférons laisser plusieurs milliards improductifs, ou entre les mains de l'agiotage, qui ne sait que produire la hausse et la baisse, l'incertitude du capital et des intérêts.

Est-ce raisonnable?

Tableau du commerce extérieur de la France et de l'Angleterre.

FRANCE.		ANGLETERRE.	
ANNÉES.	VALEUR EN FRANCS.	ANNÉES.	VALEUR EN FRANCS.
1858 . .	4,725,500,000	1858 . .	7,609,165,275
1859 . .	5,411,900,000	1859 . .	8,371,863,250
1860 . .	5,804,800,000	1860 . .	9,376,305,600
1861 . .	5,745,600,000	1861 . .	9,427,938,805
1862 . .	5,949,100,000	1862 . .	9,797,127,750
1863 . .	6,762,800,000	1863 . .	(Non paru.)

On reconnaît que l'Angleterre fait à peu près le double de commerce que la France. Toutefois on constate, pour cette dernière, une augmentation de près d'un milliard de francs en 1863.

Tableau des principaux échanges entre la France et l'Angleterre (1863).

ACHETÉ EN ANGLETERRE.		VENDU EN ANGLETERRE.	
Soie et bourre de soie.	114,505,000	Tissus de soie. .	154,092,139
Coton en laine. .	73,100,155	— de laine. .	65,373,980
Laines de toute nature	41,803,846	— de coton.	5,211,557
Fils de laine . .	6,489,392	Vins	28,750,070
Huiles fixes pures. . .	10,872,107	Ouvrag. en peau et cuir	28,746,941
Café.	8,006,468	Eaux-de-vie et liqueurs . . .	34,063,295
Indigo.	3,127,669	Pommes de terre	4,295,300
Céréales.	4,914,547	Fruits de table. .	6,187,990
Étain brut. . . .	5,356,985	Plumes de parure	6,372,745
Cochenille. . . .	656,490	Œufs.	17,249,745
Divers.	387,273,490	Divers.	483,876,841

D'après le tableau qui précède, on voit que l'Angleterre nous a fourni, en 1863, pour 656,056,544 fr. de produits, et qu'en échange nous lui en avons donné pour 834,220,603 francs. On pourrait croire, en comparant ces deux chiffres, que l'Angleterre est notre tributaire, puisqu'elle reçoit en marchandises pour une somme qui dépasse celle de nos demandes.

Il est vrai qu'en 1863, nous lui avons expédié plus que nous n'avons reçu; mais ne remarque-t-on pas que les produits qu'elle nous livre sont tous de provenance exotique, et que ceux par nous fournis en échange sont extraits de notre sol et tirés de notre industrie nationale? Les 114,505,000 francs de soie et bourre de soie sont, pour la presque totalité, achetés en Chine et au Japon par les négociants anglais; les 73,100,155 francs de coton sont aussi, en partie, de provenance orientale; les 50,000,000 de francs de laine fournie par l'Angleterre à nos fabriques sont de provenance australienne. Enfin, tous les produits, ou à peu près, portés au tableau des achats de France en Angleterre sont achetés par les négociants anglais en Asie, en Amérique et en Australie, mais plus particulièrement dans l'extrême Orient, où seront portées les opérations de la compagnie l'*Union des Mers*. Nous pourrions donc nous dispenser d'acheter en Angleterre pour environ 500 millions de produits, *si notre commerce était organisé de façon à aller lui-même s'approvisionner sur les marchés de production.* Il est certain que nous cesserions de payer chaque année à l'Angleterre un tribut de frais et de bénéfices considérables, et que, bien au contraire, le public français, les négociants, les fabricants et les actionnaires y trouveraient UNE SOMME ÉNORME A RÉPARTIR ENTRE EUX.

Voici qu'elle serait cette somme approximative de bénéfices :

1° Commission payée aux agents anglais, frais de transport, etc., s'élevant ordinairement à 8 p. 100, calculé sur 500 millions. . . . . . .   40 millions.

2° Bénéfices évalués à la faible somme de 8 p. 100, reçus par les négociants anglais, sur 500 millions.   40 millions.

Tribut annuel payé par la France à l'Angleterre. . . . .   80 millions.

Tel est l'énorme fardeau qui pèse sur la France, fardeau qu'il nous serait si facile de faire disparaître à notre grand avantage, avec un peu d'accord et de bonne volonté.

Tout en opérant *cette rentrée dans nos caisses,* nous pourrions placer environ 300 millions de produits de nos manufactures dans les pays que nous serions appelés à visiter.

Autre bénéfice sur 300 millions, soit à 8 p. 100. . . . .   24 millions.

Ajouté aux bénéfices plus haut constatés, de. . . . .   40 millions.

Nous aurions un total de bénéfices certains, en expectative. . . . .   64 millions.

Aussitôt que la *Compagnie l'Union des Mers* aura commencé ses opérations, *elle sera certaine* d'entamer cette somme de bénéfices, *double du capital qu'elle destine à ses opérations commerciales.* Et il n'est pas douteux que si quelques autres sociétés ne se joignent à elle, ce bénéfice rentrera promptement en France.

Il ne peut pas nous échapper, attendu qu'en le réalisant, nous faisons gagner, EN OUTRE, aux fabricants et aux négociants 40 MILLIONS DE FRANCS, en leur apportant, à Marseille et à Paris, des marchandises GREVÉES DE 8 p. 100 DE MOINS QU'A LONDRES.

Nous demandons, après cet exposé, qui parle assez haut, si on peut hésiter pour agir *vigoureusement?*

CHAPITRE V

Compagnie l'Union des Mers. — Organisation.

La Compagnie commerciale et maritime l'Union des Mers aura le siége de son administration et de sa direction à Paris. Des docks seront établis à Marseille. Une direction principale siégera à Saïgon, capitale de notre colonie de Cochinchine, et une autre à Sidney, capitale de l'Australie. Chaque comptoir aura son directeur particulier. On établira un ou plusieurs inspecteurs ou contrôleurs de ces comptoirs.

Le capital sera de CINQUANTE MILLIONS DE FRANCS, divisé en deux parts :

L'une de *vingt-huit millions de francs,* représentée par 56 mille actions de 500 francs chacune, *sera affectée aux opérations commerciales de la Compagnie.*

L'autre part de *vingt-deux millions de francs,* représentée par 44 mille actions de 500 francs chacune, *servira à l'acquisition de navires affectés aux transports maritimes plus spécialement* dans les mers et sur les fleuves de l'Indo-Chine, la Chine, le Japon, les Philippines, les îles de la Malaisie, l'Inde, l'Australie et l'Océanie.

Les deux tiers des frais d'établissement seront prélevés sur le capital de vingt-huit millions.

L'autre tiers sera prélevé sur le capital de vingt-deux millions.

Bien qu'ayant une raison sociale commune, les opérations de commerce et de navigation auront des intérêts distincts; leurs bénéfices partagés séparément et leurs frais respectifs supportés par chacune d'elles.

La dissolution d'une des branches de la Compagnie n'entraînera pas celle de l'autre.

Voici quels seront les frais approximatifs d'établissement :

Acquisition de terrains et constructions à Paris.............................. 1,000,000 fr.
Docks à Marseille.............. 500,000

Indo-Chine.

Docks à Saïgon................ 400,000
Magasins à Banghok............ 200,000

Chine.

Docks à Shang-Haï............	300,000
Magasins dans deux autres villes.	400,000

Japon.

Magasins à Yokohama..........	200,000

Australie.

Docks et magasins à Sidney et Melbourne. ;...................	500,000
Magasins à la Nouvelle-Calédonie.	100,000
Installation, matériel, etc.......	800,000
Imprévu.	600,000
Total.............	5,000,000 fr.

L'État concédera à la Compagnie les terrains nécessaires pour les entrepôts et comptoirs à établir dans les colonies françaises.

Il accordera à la Compagnie la faculté d'extraire des mines et carrières appartenant au domaine public, sans payer aucun droit ni indemnité, ni impôt, tous les matériaux nécessaires à la construction et à l'entretien de ses établissements; il l'autorisera à prendre, sans payer aucun droit, ni indemnité, ni impôt, dans les forêts dépendantes du domaine public, tous les bois qui lui seront nécessaires pour les constructions et réparations des établissements de la Compagnie et POUR LES CONSTRUCTIONS ET RÉPARATIONS DE SES NAVIRES.

Il exonérera, en outre, la Compagnie de tous droits de douane, d'entrée et autres, pour l'introduction dans les colonies du matériel d'exploitation.

Enfin, il interviendra près des gouvernements d'Angleterre, Siam, Annam, Chine et Japon, à l'effet d'obtenir des concessions de terrain pour l'installation des docks et comptoirs de la Compagnie.

CHAPITRE VI

Indo-Chine.— Japon.—Chine.

L'Indo-Chine, située entre l'Inde et la Chine, est formée de l'Inde orientale anglaise, de la Birmanie, du royaume de Siam, des Etats de Malacca et de l'empire d'Annam, lequel se compose du royaume de Tonkin, de Camboge et de Cochinchine.

Ses villes principales sont :

Saïgon, capitale de notre colonie de Cochinchine, où la Compagnie aura un entrepôt ;

Banghok, peuplée de 400 mille habitants, et capitale du royaume de Siam, fait un commerce considérable ;

Hué, capitale du royaume d'Annam, n'a pas jusqu'à ce jour, acquis l'importance commerciale qu'elle aura par la suite.

Parmi les villes importantes du Japon, pays ri

che et peuplé de 40 millions d'habitants, nous remarquons Yokohama, principal entrepôt des soies de ce pays, où nous établirons un comptoir de la Compagnie.

Au nombre des riches pays de l'extrême Asie, qui doivent arrêter notre attention, se trouve, en première ligne, le vaste empire Chinois, *dont la superficie est de 14 millions de kilomètres carrés et la population de 400 millions d'habitants.* Est-il nécessaire, pour avoir un contraste et une idée exacte de l'importance de ce pays, de mettre en regard la superficie et la population de la France ? Nous trouvons, d'après les statistiques de 1863, que sa superficie est de 53 millions d'hectares et sa population d'environ 40 millions d'habitants. Nous constatons aussi que l'*Europe entière n'a que 10 millions de kilomètres carrés et 280 millions d'habitants ! ! !*

D'après le traité Tien-Tsin, signé entre la France, l'Angleterre et la Chine, le 20 novembre 1860, onze ports chinois ont été ouverts au commerce étranger.

Un relevé *officiel*, publié par divers inspecteurs généraux des douanes chinoises, pour l'année 1863, nous fait connaître les importations et les exportations des onze ports :

Shang-Haï. . . . , . . . 1,524,000,000 fr.

Fou-Tchou. 176,000,000

Ning-Po.. 138,000,000

Kiou-Kiang. 68,000,000

Tien-Tsin.	60,000,000
Tché-Fou.	32,000,000
Hang-Kao.	183,000,000
Canton.	154,000,000
Amoy	88,000,000
Swatow.	64,000,000
Tching-Kiang.	42,000,000

En somme, le commerce des onze ports s'est élevé à plus de 2 milliards et demi de francs : — Importation, 1 milliard 256 millions, — exportation, 1 milliard 253 millions.

Le commerce de l'Angleterre y est entré, en comprenant Hong-Kong et Macao (1862) (1) pour :

Importation.. 303,427,375 ⎫
Exportation.. 80,933,400 ⎬ 384,360,775 fr.

Le commerce de la France (*en comprenant le Japon, la Cochin-chine et le royaume de Siam*), y est entré pour :

Importation.. 20,140,340 ⎫
Exportation.. 8,451,982 ⎬ 28,592,322

Différence . . . . 355,768,453 fr.

Le commerce de ces deux nations, *dans tout*

(1) En 1863 et 1864, il a considérablement augmenté.

l'extréme Orient (moins les Indes), importations et exportations comprises, s'est élevé :

Angleterre	900,447,350 fr.
France	38,100,364
Différence.	862,346,986

Les chiffres parlent mieux que nous ne saurions le faire : la différence, entre notre commerce et celui de l'Angleterre, est assez remarquable pour se passer de commentaires.

La navigation des onze ports chinois a occupé, en 1863 : — 18,918 navires du jaugeage collectif de 5 millions 915 mille tonneaux ; le pavillon anglais couvre, à lui seul, plus du tiers de ce mouvement, où il compte 6,852 navires et 2,600,000 tonneaux. Le deuxième rang, appartenant au pavillon des Etats-Unis, comprend 5,355 navires et 2 millions de tonneaux. Le pavillon français n'est représenté que par 320 navires et 50,000 tonneaux, *moins de la centième partie du tonnage total !*

Voici quel a été le mouvement des navires étrangers et des bateaux chinois, naviguant sous pavillons étrangers, dans les ports de Shang-Haï, Canton, Fou-Tchou et Swatow, pendant l'année 1861 (entrées et sorties réunies) :

(*Voir ci-contre.*)

PAVILLONS.	NOMBRE DE NAVIRES (1).	TONNEAUX.
Anglais.	1,652	746,455
Steamers de rivière et bateaux chinois sous pavillon anglais. .	921	75,690
Américains.	579	283,498
Steamers de rivière et bateaux chinois sous pavill. américain.	947	191,368
Divers (2).	833	245,103
Bateaux chinois sous divers pavillons.	153	6,953
Chinois (bateaux de Ning-Po, considérés comme étrangers).	611	32,046
Total. . . . . . . : . .	5,696	1,581,113

Nous allons maintenant mettre sous les yeux de nos lecteurs divers extraits *de documents authentiques* adressés par les agents consulaires de notre gouvernement, et reproduits dans les *Annales du commerce extérieur* des six premiers mois de l'année 1865.

L'un de ces agents s'exprime ainsi :

« 78 navires sous pavillon français ont paru (1863) dans le port Shang-Haï : 2 bâtiments seulement sont venus de France, apportant des vivres et diverses marchandises pour une valeur de 480,000 francs. Les paquebots des messageries impériales

(1) Ce nombre a considérablement augmenté depuis 1861.
(2) Sous cette rubrique se trouve confondu notre pavillon.

n'ont pris, dans leur chargement, que 5,242 balles de soie, dont un assez grand nombre devait être expédié en Angleterre.

» Il serait nécessaire de former de puissantes associations POUR POUVOIR LUTTER AVEC SUCCÈS contre les capitaux anglais QUI AFFLUENT EN CHINE, TANDIS QUE LES NOTRES FONT COMPLÉ-TEMENT DÉFAUT.

» Tant que cette situation se prolongera, nos paquebots ne pourront guère transporter des chargements de soie plus considérables, les négociants anglais préférant expédier leurs soies sur les marchés de la Grande-Bretagne, par des navires de leur nation. »

Un autre correspondant consulaire :

« La position de Hang-Kao (ville de 3 millions d'habitants), au centre de la province de Houpé, une des plus fertiles de la Chine, qui a mérité le surnom de *Grenier de l'empire*, contribue également à lui assurer un grand avenir. La ville est divisée en plusieurs quartiers, qui ont chacun leur genre de commerce. »

Puis il ajoute :

« Il est à regretter que, malgré les nouvelles institutions de crédit et de navigation, les encouragements donnés à notre commerce et les progrès de notre industrie nationale, des préjugés, qui règnent encore dans nos cités manufacturières, ENTRAVENT L'ESSOR de nos relations avec l'extrême Orient, et les détournent de ces régions si riches et si prospères. La Chine centrale pourrait fournir, à notre importation, d'innombrables productions. Un homme très-compétent sur tout ce qui concerne .la Chine, le représentant d'une des plus grandes maisons anglaises, s'exprime ainsi à ce sujet :

« LE MONOPOLE EN CHINE EST UN MOT VIDE DE SENS,
» L'ÉCHELLE DES TRANSACTIONS EST TROP VASTE POUR QU'ON
» PUISSE EN ATTEINDRE LES DEUX EXTRÉMITÉS. TOUT HOMME
» QUI VIENDRA A HANG-KAO AVEC UN CAPITAL CONSIDÉ-
» RABLE OU NON, EST SUR DE RÉUSSIR, S'IL A DU COURAGE,
» DE LA PRUDENCE, DE L'HONNÊTETÉ ET DE LA DOUCEUR
» ENVERS LES INDIGÈNES. »

Un autre correspondant dit encore :

« Quel avenir serait réservé à Hang-Kao à une ASSOCIATION DE CAPITAUX FRANÇAIS intelligemment conduite, à une société de jeunes Français entreprenants et surtout persévérants, qui se donneraient pour but la fondation d'un grand établissement commercial. Pourquoi ne saurions-nous pas manœuvrer avec adresse ce puissant levier que la main de nos missionnaires nous a forgé, dont nous semblons faire si peu de cas et que d'habiles commerçants étrangers sont loin de repousser. »

On écrivait de Pékin, le 31 juillet 1862 :

« Le commerce des Anglais et des Américains dans les eaux du Yang-Tsé, entre Shang-Haï et Hang-Kao, *s'accroît presque journellement dans une proportion remarquable.* L'année dernière (1861), il y a eu 50 steamers de toute dimension parcourant le Yang-Tsé entre Shang-Haï et Hang-Kao. L'un d'eux a rapporté à ses propriétaires DANS L'ESPACE DE SEPT MOIS TROIS FOIS SA VALEUR. Cette année (1862) les chantiers de l'Angleterre, de l'Ecosse et des Etats-Unis construisent plus de 80 bateaux à vapeur pour la Chine. »

On écrit d'autre part :

« Les Jonques chinoises tendent à disparaître devant les vapeurs européens que préfèrent les Chinois : les pavillons européens sont destinés à recueillir le bénéfice de tout le progrès des relations entre les ports, et, IL SERAIT A DÉSIRER QUE NOTRE MARINE EN EUT SA PART. »

On dit aussi :

« Le transport des marchandises a occupé à Hang-Kao (1863) 480 steamers, jaugeant 260,994 tonneaux dont 225 portant pavillon américain, et 155, portant pavillon anglais. »

Pas un seul steamer français !

On ajoute :

« Les Français au milieu de l'activité extraordinaire de tous ces ports et parmi ces nombreux steamers, *demeurent en arrière avec leurs lorchas et leurs jonques.* Ils n'ont, pour tout moyen de transport, que de petits bâtiments à voiles du port de 40 à 80 tonneaux ! ! ! »

Le service maritime que nous allons établir dans ces contrées est, comme l'on peut voir, *d'une nécessité manifeste,* et nous ne pouvons pas comprendre la création de compagnies commerciales, dans l'extrême Orient, *à moins d'y voir figurer, en même temps, une certaine quantité de bateaux à vapeur français.* — Les diverses lettres de nos consuls en Chine donnent l'idée exacte de notre position commerciale et maritime dans ces contrées, et toutes réclament, AVEC IMPATIENCE, le commerce français en Chine, en indiquant, COMME SEUL MOYEN DE RÉUSSITE, LA CRÉATION DE COMPAGNIES SEULES ASSEZ FORTES POUR LUTTER CONTRE LES CAPITAUX ANGLAIS ET AMÉRICAINS QUI Y AFFLUENT. »

BANQUES.

Il existe des banques anglaises à Shang-Haï et Hong-Kong. — Le comptoir d'escompte de Paris a ouvert aussi deux agences sur ces deux places. Un compte-rendu à l'assemblée générale de ses actionnaires, du 31 juillet 1865, donne les indications suivantes :

« Les affaires ont atteint, dans l'extrême Asie, un milliard de francs.

   » Cette somme se répartit ainsi :
   » Opérations sur place, fr. . . . 585,503,176
   » Tirages. 167,902,114
   » Remises. 167,305,947

       » Total général. 920,711,237

   » Dans ce total les agences de Shang-Haï et Hong-Kong figurent pour 513 millions. »

PRIX-COURANTS.

On trouve, dans les magasins de la Chine, tous les objets utiles et de luxe, les vivres y sont abondants et à prix modérés ; le bœuf vaut 0 fr. 50 c. la livre, le mouton 1 fr., le porc 0 fr. 75 c., un faisan coûte 1 fr. 50 c., un daim 5 fr. Les légumes, sans être aussi variés qu'en Europe, sont excellents. Les pommes de terre sont de bonne qualité ; il y en a de plusieurs espèces dont la chair est ferme et savoureuse. Le vin, l'huile, le café et tout ce que l'Europe exporte à l'étranger sont hors de prix dans les boutiques.

On trouve en Chine, notamment à Hang-Kao, de la houille de quatre qualités aux prix suivants :

1re qualité : 650 sapèques le picul, soit 3 fr. à 3 fr. 25 les 60 kilog. 450 gramm.;

2e qualité : Pa-meï 450 sapèques les 60 kilog. 450 gramm. (2 fr. 25);

3e qualité : Tsé-po-meï 416 sapèques les 60 kilog. 450 gramm. (2 fr. 10);

4e qualité : Meï 380 à 400 sapèques les 60 kilog. 450 gramm. (2 fr.)

Bien qu'il n'y ait pas de dépôt considérable de houille à Hang-Kao, — il n'en est consommé que par un très-petit nombre d'industries, — on a constaté que la marine anglaise en a pu charger 400 tonneaux en deux jours.

CHAPITRE VII

Circulaire de M. le ministre du commerce. — Lyon, entrepôt des soies de l'Orient.

Afin de donner toute l'importance nécessaire aux renseignements que nous mettons sous les yeux de nos lecteurs, il ne sera peut-être pas inutile de leur en fournir d'autres émanant de hauts fonctionnaires de notre gouvernement et de la presse qui représente l'opinion publique en France.

Nous rapportons, en premier lieu, une *lettre-circulaire* adressée, par S. Exc. M. Béhic, ministre de l'agriculture, du commerce et des travaux publics, aux principales chambres de commerce de France.

« 22 juillet 1863.

« Monsieur le Président,

« Le consul de France à Hang-Kao, l'un des nouveaux ports ouverts en Chine à notre commerce par le traité de Tien-Tsin, vient d'adresser au gouvernement une communication qui m'a paru devoir attirer spécialement l'attention des négociants de votre circonscription et que je m'empresse de porter à votre connaissance en autographie, etc...

» Notre consul, en signalant l'importance qu'a pris tout à coup, pour le commerce étranger, le port de Hang-Kao, où il s'est effectué, en 1862, pour 152 millions de francs d'échanges dans lesquels la France *n'est pas entrée pour 2 millions*, a été amené à constater, *avec regret, la part minime* de notre pavillon dans ce grand mouvement d'affaires. Au lieu de 150 navires anglais et de 124 américains *sortis sous charge* du Yan-Tsé-Kiang, pendant le dernier exercice, on n'en a compté que 23 français. Une infériorité analogue éclate à notre désavantage dans la comparaison des jonques acquises par les armateurs de ces divers pays et naviguant pour leur compte sur les côtes de Chine OU LE TRAFIC EST TRÈS-FRUCTUEUX. L'Angleterre en a 357, les Etats-Unis 375 et la France 95 seulement. Bien que ce chiffre révèle déjà de louables efforts accomplis pour entrer en partage des bénéfices à réaliser dans le commerce de la navigation du littoral chinois, notre consul AFFIRME QUE NOUS POURRIONS Y ÉTENDRE CONSIDÉRABLEMENT NOS OPÉRATIONS. Il appuie, en outre, sur ce point qui a, pour nous, beaucoup d'intérêt; je veux parler des facilités que la province de Techuen, non encore exploitée, offre pour effectuer des approvisionnements de soie. Bien avant que nous eussions pénétré à Hang-Kao, mon département avait, lui-même, suggéré à notre commerce d'envoyer dans ce district des agents intelligents qui ne tarderaient pas à se convaincre des ressources de toute espèce dont l'industrie européenne est appelée à tirer part en Chine, et qui étudieraient les moyens pratiques d'arriver à ce résultat. La création récente d'une ligne de paquebots à vapeur français pour l'Indo-Chine, avec subvention du gouvernement, permet d'ailleurs à nos nationaux *de lutter désormais contre toute concurrence anglaise* dans l'extrême Orient et d'y activer notre intercourse.

« Je vous prie, M. le Président, de faire en sorte que les informations dont je viens de vous entretenir soient l'objet d'un sérieux examen de la part du commerce de votre place. »

Cette circulaire était accompagnée du document autographié dont nous donnons ici les passages les plus importants :

« Il y a deux ans à peine (1863) que les sujets des deux grandes nations signataires du traité de Tien-Tsin ont pu naviguer ouvertement dans le fleuve, qui est comme l'artère vivante de la Chine, et déjà les rapports commerciaux de l'Europe avec cet empire ont augmenté dans une proportion qui dépasse toutes les espérances. . . . .

. . . .

» Au milieu de ce mouvement si important, le *commerce français est demeuré dans l'abstention.* Pendant que chaque jour de magnifiques steamers anglais et américains sillonnent les eaux du fleuve AVEC LEUR CHARGEMENT PRESQUE TOUJOURS COMPLET, à peine si l'on rencontre quelques lorchas ou jonques chinoises portant le pavillon français et faisant le cabotage. Cependant il n'EXISTE PAS, DANS LE MONDE ENTIER, UN PAYS PLUS SAIN, NI PLUS RICHE, ET OU IL SOIT PLUS FACILE DE FAIRE FORTUNE RAPIDEMENT que dans ce bassin du Yan-Tsé-Kiang. Toutes les personnes interrogées à ce sujet ont été unanimes pour répondre que le SUCCÈS ÉTAIT CERTAIN pour quiconque venait s'établir dans cette partie de la Chine AVEC DES CAPITAUX et une connaissance pratique des affaires commerciales. On sait d'ailleurs que les ÉMIGRANTS ISOLÉS ET SANS RESSOURCES PÉCUNIAIRES ONT PEU DE CHANCES DE FAIRE FORTUNE et trouvent difficilement à subsister dans l'extrême Orient, où la vie est très-chère pour les Européens.

» L'industrie lyonnaise, qui cherche en ce moment à résoudre le problème des importations directes, peut être assurée que, SI ELLE VEUT ENTRER HARDIMENT DANS LA LUTTE, ELLE PARVIENDRA, avec le temps, à faire de Lyon la première place d'approvisionnement, comme elle est déjà la plus grande place de la consommation de la soie. Le commerce anglais a eu jusqu'à présent en sa faveur l'avantage de relations depuis longtemps établies ; il a eu pour lui ses capitaux considérables, ses institutions de crédit, d'entrepôt, et ses puissants moyens de navigation. Mais aujourd'hui, que le commerce français possède à son tour CES MÊMES INSTRUMENTS dont le gouvernement de l'Empereur a facilité et patronné la création, il NE FAUDRAIT DONC QUE L'INITIATIVE des commerçants lyonnais pour s'exonérer de 8 p. 100 de droits de frais de transport qu'il EST OBLIGÉ de payer pour faire venir ses soies de Londres . . . .

. . . .

» La France a été dotée par la nature d'un port situé dans des conditions exceptionnelles. Notre commerce peut expédier par Marseille les produits continentaux à destination de l'Asie, et recevoir par le même port les produits asiatiques à destination du continent européen, d'*une manière plus économique que ne peut le faire le commerce anglais*. Cet avantage ne compenserait-il pas la différence des prix de fabrication des produits européens, et nos fabriques du nord de Paris, de Roubaix, et même de Lyon, ne pourraient-elles pas envoyer en Chine des produits similaires tels que ceux dont l'Angleterre INONDE LES MARCHÉS DE CET EMPIRE ? Par ces doubles opérations d'importation et d'exportation, notre commerce finirait par S'IMPLANTER SÉRIEUSEMENT SUR LES MARCHÉS . . . .

. . . .

» La Chine est tellement grande, les rapports de son peuple avec l'étranger tendent à prendre de telles proportions que, dans cet immense champ ouvert aux entreprises de l'Occident, il semble y avoir *place pour tout le monde !* »

CHAPITRE VIII

Un article du journal L'ISTHME DE SUEZ.
Le commerce français et les soies de la Chine.

Nous rapportons cet article textuellement :

« Dans sa sollicitude pour le développement de nos opérations commerciales, M. le ministre de l'agriculture, du commerce et des travaux publics vient d'appeler, par une circulaire (de décembre 1864), l'attention des Chambres de commerce sur le TRISTE ÉTAT de nos relations avec la Chine, spécialement en ce qui concerne l'exportation des soies. Quoique notre industrie consomme une quantité de ce textile précieux PLUS CONSIDÉRABLE QUE CELLE DE TOUT AUTRE NATION, C'EST CEPENDANT EN ANGLETERRE que nos négociants vont *effectuer leurs achats de soies chinoises*, et nos voisins se sont ainsi emparés du monopole de ce fructueux trafic. M. Béhic ne se dissimule point les difficultés que doivent rencontrer les agents de notre commerce en allant établir une concurrence dans les ports du Céleste-Empire CONTRE LES GROS CAPITAUX BRITANNIQUES. Mais il indique en même temps le moyen de parer à ces inconvénients;

et ce moyen, c'est une association de plusieurs grandes maisons qui, agissant de concert et concentrant leurs opérations dans les mains d'un nombre restreint de représentants, pourraient ainsi réduire les frais généraux, les dépenses de commission, etc., qui pèsent individuellement sur chaque spéculateur. Nous ne saurions trop inviter les Chambres de commerce et les négociants eux-mêmes à méditer et à suivre ce conseil, d'autant plus que d'ici à quelques années Suez pourra singulièrement favoriser ce genre d'opérations. *Alors Marseille sera rapprochée de la Chine de plusieurs milliers de lieues,* alors ses navires, et même ses caboteurs, pourront pénétrer jusqu'aux extrémités des mers orientales, porter le long des vastes côtes de l'Inde, de l'Indo-Chine, et, en quelque sorte, d'escale en escale, les produits français, et revenir chargés de thé, de soies et de diverses productions fabriquées, et surtout naturelles, dont abondent ces contrées fertiles et opulentes.

» CE N'EST PAS SEULEMENT DANS NOS PORTS MÉDITERRANÉENS QU'ON DOIT S'OCCUPER SÉRIEUSEMENT D'ORGANISER DES ASSOCIATIONS DU GENRE DE CELLES QUE RECOMMANDE M. BÉHIC.

» Lyon s'étonne d'ÊTRE OBLIGÉE d'aller chercher sur le marché de Londres ces soies de l'Orient, *qui traversent ses murs* pour se rendre en Angleterre, d'où *l'industrie lyonnaise* EST CONDAMNÉE *à les faire*

REVENIR, en subissant les frais d'un transport.

» C'est donc aussi à l'intelligence et à l'esprit d'entreprise des Lyonnais que nous devons faire appel. Ils sont assez intéressés dans la question ; qu'ils soient prêts au moins le jour où l'achèvement du canal de Suez leur livrera une ligne de navigation continue et abrégée vers les contrées où ils pourront échanger la matière première indispensable à leurs fabriques contre les produits de leur brillante industrie, si recherchée dans le monde entier. »

Nous ne croyons pas qu'il soit utile de produire plus de preuves à l'appui de la proposition que nous venons soutenir aux yeux de la France et dans son intérêt ; on le voit, de *toutes parts on réclame,* COMME UN BIENFAIT, la création d'associations destinées à tirer nos industries de la servitude sous laquelle *elles sont obligées de se courber. Les consuls, les ministres, le gouvernement lui-même, et la presse, qui représente l'opinion publique, sont unis avec nous pour réclamer ce grand changement.*

Nous pourrons donc nous appliquer ces paroles anglaises rapportées par le *Times* :

« Nous sommes une nation d'ingénieurs, de spéculateurs, de placeurs de fonds ; IL N'Y A PAS DE PROPOSITION TROP GRANDE, TROP COUTEUSE, TROP HARDIE POUR NOUS, POURVU QUE NOUS Y VOYIONS UNE PROBABILITÉ DE SUCCÈS. »

CHAPITRE IX

Océanie. — Australie.

On rencontre, dans l'immense bassin de l'Océan
Pacifique, un nombre considérable d'îles, d'îlots je-
tés ça et là, à travers des eaux tumultueuses, comme
des grains de sable dans l'espace : l'archipel de
l'Océanie! Rien ne paraît si petit qu'un monde
au milieu de cet océan d'eau qui renferme, dans sa
ceinture, plus des trois quarts de la terre. L'Australie, dans le vaste espace de l'Océan Pacifique et au
milieu de l'archipel de l'Océanie, est le seul point
important où le navigateur, qui traverse ces contrées, puisse arrêter son regard. Les navigateurs
anglais ont bien su faire profiter leur patrie de cette
terre nouvelle, jouissant d'un climat tempéré, et
plus grande, dit-on, que l'Europe entière. Le dra-
peau de l'Angleterre y est arboré, pour n'en plus
sortir qu'à une époque où, comme les États-Unis,
cette grande terre ayant acquis population, civilisa-

tion et richesse, réclamera son émancipation. Mais d'ici là, bien des années s'écouleront encore, *et la métropole en retirera, chaque jour, d'immenses richesses pour son commerce et son industrie.* Les colons, à leur entrée dans l'île, y ont transplanté les animaux de l'Europe, qui se sont acccrus depuis en quantité considérable : on y voit d'innombrables troupeaux de bestiaux, qui fournissent, à l'Angleterre et à une partie de l'Europe, *les laines et les cuirs* qui approvisionnent les fabriques de ces divers pays. On y remarque plusieurs villes importantes, qui se sont élevées, comme par enchantement, en quelques années. Sidney, la plus ancienne, et la capitale de l'île, compte actuellement 93 mille habitants. Melbourne, ville née d'hier, renferme, dans son enceinte, 150,000 habitants : elle doit sa grande prospérité et son accroissement rapide aux mines d'or qui ont été découvertes, il y a quelques années, à sa proximité, et avec lesquelles elle est reliée par un chemin de fer. Mais actuellement ces trésors, qui ont autrefois failli bouleverser le monde, ne présentent plus un grand avantage, en raison de la difficulté de l'extraction du minerai enfoui à une trop grande profondeur. Melbourne et Sidney n'en sont pas moins appelées à grandir encore, parce qu'elles sont les entrepôts d'une immense contrée *qui se peuple, tous les jours,* de plus en plus : sa population totale est de 1,200,000 habitants.

Voici l'état du commerce de la France et de l'Angleterre dans ces contrées.

Angleterre (1862) :

Importation..	178,550,525	⎱
Exportation..	321,183,125	⎰ 499,733,650 fr.

France (1863) :

Importation..	246,834	⎱
Exportation..	9,261,208	⎰ 9,508,042
Différence.		490,472,442 fr.

Notre commerce est nul dans ces vastes contrées, et l'Angleterre nous fournit, chaque année, pour plus de 50 millions de francs en laines, qu'il nous serait si facile d'acheter nous-mêmes en Australie. Enfin, la Compagnie l'Union des Mers fera, là encore, tous ses efforts pour combler *cette énorme lacune.*

Le commerce, qui n'a pas encore eu d'importance pour nous dans nos possessions de l'Océanie, prendra aussi l'essor qu'il doit avoir. La France, outre la nouvelle Calédonie, qui se peuple et se colonise, étend son protectorat sur plusieurs groupes d'îles de l'Océanie, où notre commerce peut faire un fructueux trafic.

CHAPITRE X

**Première communication entre la Méditerranée et la
mer Rouge. — Un article du journal l'Isthme de
Suez. — Opinion de M. Jules Favre.**

Bientôt des navires de tout tonnage pourront passer de la Méditerranée dans la mer Rouge, et de là,
dans la mer des Indes. Nous voyons reproduit de
toute part, dans les journaux, qu'une cargaison de
houille a pu passer, le jour de la fête de l'Empereur,
directement de la Méditerranée à la mer Rouge, au
moment de l'inauguration solennelle des écluses re-
liant, l'un à l'autre, le canal maritime et le canal
d'eau douce. Sans doute ce n'est pas là encore l'ac-
complissement du grand canal maritime, qui, de
Port-Saïd à Suez, doit épargner aux navires de commerce le détour long, périlleux et dispendieux du
le cap de Bonne-Espérance. Mais il n'en est pas
moins évident, pour les esprits impartiaux, que le
progrès qui vient d'être acquis, est d'une sérieuse
importance.

Voyons comment s'exprime, à ce sujet, le journal l'*Isthme de Suez*, dans un numéro de septembre 1865 :

« L'ouverture de l'isthme de Suez donnera, aux échanges de l'Asie avec l'Europe, une impulsion dont il est encore impossible de se rendre exactement compte : ce sera comme la suppression d'un lourd tarif douanier, par le rapprochement instantané de pays longtemps séparés les uns des autres ; les échanges, d'ailleurs, ne pourront que s'accroître, et ce n'est pas seulement l'Inde, la Perse, la Chine et le Japon, qui nous enverront de plus grandes masses de produits et qui nous demanderont d'autres marchandises en échange : toutes les îles de la Malaisie, des Philippines, des Moluques, verseront à l'envi de plus riches trésors que par le passé, et l'Australie, se peuplant de plus en plus, enverra son pavillon déposer ses produits dans les ports de la Méditerranée. Puis, il faut se garder d'oublier les nouveaux débouchés qui s'ouvriront pour l'Abyssinie, l'Yémen, l'Hedjaz, Mascate, et tant d'autres contrées neuves et d'une richesse incalculable.

» L'ouverture du canal maritime de Suez est un instrument dont la civilisation européenne se servira pour conquérir pacifiquement les nations endormies dans l'ignorance et la superstition. »

Il ne sera pas superflu non plus de donner, dans cette grande question, l'opinion du célèbre jurisconsulte Jules Favre, qui, dans la préface d'un ouvrage paru en 1864, portant en titre : *Manuel pratique* ou *Traité de l'exploitation des chemins de fer*, par M. Victor Emion, s'exprime ainsi :

« Nous ne sommes plus au temps où l'esprit de conquête et le fanatisme religieux précipitaient vers l'Orient des nations avides de butin. L'Occident s'avance d'un pas ferme et plus sûr. *Encore quelques jours, et, grâce au génie industriel de la France, personnifié dans un homme d'énergique volonté,* le flot de la mer des Indes viendra se mêler aux eaux de la Méditerranée, et le même navire cinglera, sans rompre charge, de Marseille à Calcutta, en évitant les périlleuses lenteurs d'une hasardeuse navigation. Et ce n'est pas seulement par cette brèche que l'Asie est attaquée. Les relations avec la Perse tendent à se régulariser, et le fanatisme usé de Byzance est impuissant à arrêter l'effort qui emporterait l'empire Ottoman, s'il persistait à lui résister. *De tous côtés se prépare un mouvement vaste et fécond dont la France, en raison de sa position admirable, recueillera d'incalculables avantages.* »

CHAPITRE XI

Nous donnons ci-après un article du journal *la Patrie* reproduit dans le journal l'*Isthme de Suez* du 1ᵉʳ janvier 1865.

« Nous développions dernièrement les considérations qu'on nous adressait de Bordeaux sur l'importance d'assurer notre influence dans l'extrême Asie *par une colonisation sérieuse et définitive des territoires qui nous sont acquis.* Cette question est à l'ordre du jour dans tous nos grands ports de commerce, et c'est de Marseille aujourd'hui qu'un navigateur *éminent et pratique* nous envoie des réflexions dans lesquelles *il insiste sur l'aptitude de nos possessions de l'Indo-Chine à devenir la plus florissante de nos colonies* ; la situation géographique même de la Cochinchine appelle cette contrée à exercer une influence considérable sur nos relations commerciales et maritimes avec l'extrême Asie tout entière.

» Mais ce qui complète l'intérêt de cette conquête, c'est que la surface du sol est, pour ainsi dire, préparée par la main de la providence à la prospérité et au développement QU'IL NE DÉPEND QUE DE NOUS DE LUI DONNER.

» Dans les pays intertropicaux les terres riches et fertiles ne font défaut nulle part ; la végétation la plus luxuriante y déploie sa vigueur , et il vient à l'Européen un regret en contemplant ces beautés, l'impossibilité d'en tirer parti. Tantôt c'est la population qui fait défaut; tantôt l'insalubrité du climat oppose un obstacle fatal. Cent autres raisons encore arrêtent les efforts de la race blanche, et n'expliquent que trop pourquoi tant d'espaces précieux restent incultes. Ces difficultés jettent bientôt le découragement dans les âmes les mieux trempées ; on s'étonne que le succès ne réponde pas aux espérances que l'on avait formées et le plus souvent on se retire après des sacrifices stériles. Nous ne nous sentons pas la force de condamner cette faiblesse, car les débuts de toutes colonisations européénnes en fournissent des exemples, et l'étude attentive de ces essais, même de ceux qui, à une seconde ou troisième reprise, ont fini par donner les meilleurs fruits, nous offrent le même tâtonnement, les mêmes épreuves. Si nous nous appesantissons sur ces vérités qui n'ont plus besoin d'être démontrées, *c'est pour faire ressortir cette circonstance exceptionnelle qu'aucun de ces inconvénients n'existe en Cochinchine.*

» Il ne s'agit pas de songer à faire de nos trois provinces une colonie dont les travaux agricoles des Européens viendront doubler la fortune. Ces travaux leur sont interdits par le climat, et ils ont un autre rôle à remplir. *Ce n'est pas comme en Afrique, par exemple, l'élément du travail qui manque là; on le trouve aisément dans les bras nombreux de la population indigène : ce qui manque, c'est la direction.* Eh bien ! l'intelligence des Européens arrive précisément pour imprimer cette direction, et c'est là le rôle que devront exercer les colons qui chercheront la fortune en Cochinchine et qui voudront s'y établir avec leur famille. Ici, les efforts qui usent l'énergie de l'Européen et qui absorbent ses premiers capitaux presque toujours insuffisants, par suite de la nécessité où il se trouve de créer des travaux sans rapports immédiats, sont bien moins nécessaires que dans une colonie dont la base de la population est formée de race blanche.

» La Cochinchine française est une vaste entreprise GÉRÉE PAR DES INDIGÈNES. Notre tâche consiste à la DÉVELOPPER et à l'exploiter en y trouvant un bénéfice A COTÉ de celui que les anciens possesseurs du sol EN RETIRERONT sous notre direction. C'EST EN LES ENRICHISSANT QUE NOUS NOUS ENRICHIRONS : notre fortune est solidaire de la leur ; car si nous les exploitions, ils seraient vite appauvris, et les sources de notre prospérité se tariraient avec la leur.

» *Des entreprises de diverses natures peuvent être tentées avec succès*, par suite du mouvement commercial sérieux qui se porte déjà à Saïgon et auquel contribuent les produits nombreux et variés du pays. Jusqu'à ce moment, ce sont les Chinois qui jouissent des avantages que leur donne leur similitude de race et de mœurs avec les populations Annamites ; mais ces dernières traitent volontiers avec les Européens, parce qu'elles profitent ainsi des bénéfices dont les prive l'intermédiaire chinois. Dès à présent même, des transactions directes ont lieu avec les indigènes pour plusieurs produits négligés par les Chinois. On peut assurer qu'avec de la loyauté, il sera facile, à un petit capitaliste, de doubler ou tripler, avant quelques années, sa mise de fonds. L'industrie française *n'a qu'à vouloir* pour profiter aussi de ces avantages, car tout est à modifier dans ce pays ÉMINEMMENT AGRICOLE, depuis la charrue et l'humble chariot de transport jusqu'à la construction de la barque et de la jonque.

» On comprend combien, avec une population aussi sympathique que les Annamites à tous progrès, dont les avantages sont palpables, nos commerçants et nos industriels trouveront de facilités pour leurs relations, pour peu qu'ils aient sur les lieux des agents capables qui sachent étudier et discerner les besoins de cette population.

» La France possède là, nous ne le répèterons jamais assez, *une mine inépuisable*, et nous terminerons par ces lignes d'une lettre que nous adresse un homme considérable qui se prépare à retourner à Saïgon, après un premier séjour.

» Ce pays, bien conduit, doit déjà suffire à payer tout ce qu'il faut pour s'y maintenir ET Y PROSPÉRER.

» J'ai la conviction qu'en 10 ou 15 ans, au plus, Saïgon est destinée à devenir le centre commercial le plus important de ces mers et DÉPASSER SINGAPOURE.»

Il n'est aucune personne, connaissant la Cochinchine, qui ne puisse dire que cette colonie est placée dans une position merveilleuse : sa situation entre l'Inde et la Chine, à proximité du Japon, des Philippines, des îles de la Malaisie et sur le passage des navires qui se rendent dans l'extrême Asie en devrait faire l'entrepôt de ces contrées ; IL EST CERTAIN que Saïgon sera, dans quelques années, un des plus grands marchés de l'extrême Orient, si notre commerce et notre gouvernement prennent EN MÊME TEMPS DES MESURES ÉNERGIQUES POUR CELA. Le commerce doit songer à s'y transporter et le gouvernement doit songer A COLONISER D'UNE MANIÈRE SÉRIEUSE ET DÉ-

FINITIVE CE RICHE PAYS QUI N'ATTEND QU'UNE BONNE DIREC- TION POUR PRODUIRE.—Nous avons nous-mêmes, par avance, en même temps que nous nous occupions de notre *Compagnie l'Union des Mers, recherché un moyen simple et* EFFICACE pour arriver à une BONNE ET PROMPTE colonisation. Nous l'avons trouvé DANS UN SYSTÈME DE CULTURE, et nous sommes fort disposé à croire qu'on le chercherait en vain ailleurs. Nous nous proposons de le mettre sous les yeux de nos lecteurs; mais préliminairement il est utile de fournir encore quelques éclaircissements sur la Cochinchine, en ce qui concerne le sol et les cultures.

Nous empruntons ces renseignements à la Revue maritime et coloniale.

Les trois provinces acquises par la France en Cochinchine, sont d'une superficie totale de 22,380 k. carrés, elles sont divisées en deux parties à peu-près égales par le grand fleuve du Camboge ou Meïcong qui prend sa source dans les montagnes du Thibet.

Les terres basses de la Cochinchine se divisent en trois parties : 1° Risières qui couvrent une superficie de 105,060 hectares environ dans nos trois provinces; 2° Forêts de palétuviers d'une hauteur de 1 à 3 mètres sur les bords des fleuves; 3° Plaines immenses où croissent, à perte de vue, des herbes et des joncs et qui pourraient être facilement cultivées. Dans ces diverses zônes, le sol est d'une admirable fécondité ; la terre y est très-substantielle, boueuse, noirâtre et paraît composée d'un humus de plusieurs pieds d'épaisseur.

Les terrains élevés commencent au-dessus de Saigon, et s'étendent jusqu'aux limites septentrionales de la province de Bien-Hoa ; ces terrains peuvent aussi se classer en trois catégories : la première comprend les terres cultivées, formant ensemble une superficie de 10,000 à 15,000 hectares, où l'on récolte l'indigo, le tabac, le coton, la sésame, le chanvre, les légumes, les arachides, l'aréquier, la canne à sucre, le bétel, les mûriers, le maïs ; la seconde catégorie est composée de terrains non encore cultivés, et qui pourront l'être sans grands frais, et la troisième est formée de forêts qui sont d'une exploitation facile, et qui contiennent une variété d'essences précieuses propres aux constructions navales et à l'ébénisterie.

La Basse-Cochinchine, que nous occupons, est un pays essentiellement agricole. Les Annamites ont une grande quantité de buffles, qu'ils emploient pour labourer la terre et traîner leurs voitures ; le bœuf est plus rare ; les chevaux sont petits et peu nombreux, mais très-vigoureux ; on y élève beaucoup de volailles et de porcs.

Le climat de la Basse-Cochinchine n'est pas malsain, et la température ne varie guère entre 20 et 30 degrés centigrades.

Java, ou comment on gouverne une colonie.

Dans le courant de l'année 1861, M. J.-W.-B. Money, qui a longtemps habité l'Inde anglaise, a publié, à Londres, un livre intitulé : *Java or how to manage a colony* (1) :

Nous en extrayons quelques passages :

« Il y a 25 ans, Java se trouvait, depuis longues années, dans une condition analogue à l'état actuel de l'Inde : misère, crimes, stagnation dans les affaires, dette et déficit énorme, diminution du commerce, etc.; tel est l'état de choses qui a régné à Java jusqu'en 1832, et qui règne encore aujourd'hui dans l'Inde.

» Alors fut établi un système qui, en 25 ans, quadruple le revenu, éteint la dette publique, remplace le déficit annuel par un dividende considérable en recettes, triple le commerce, améliore l'administration, répand la paix, la sécurité et l'abondance dans la population ; qui, chose plus merveilleuse encore, double la population orientale, et fait aimer, à 10 millions de sujets mahométans, la domination des conquérants étrangers.

» Ces résultats sont la conséquence du système de culture établi par le général Van der Bosch

____

(1) Consulter la *Revue maritime et coloniale* de mai et juillet 1865.

en 1830. Il prit, pour base, les restes du système anglais, modifié par les Hollandais, à leur retour, de 1816 à 1830.

» Le général Van der Bosch avait expliqué son plan au gouvernement de son pays ; il prétendait, à l'aide de *transformations hardies*, porter la prospérité dans la colonie, et lui faire produire une somme de richesse, telle qu'elle comblerait bien des vides dans le revenu public de la Hollande, tout en servant utilement la population indigène.

» La base de ce système consistait en avances de fonds consenties par le gouvernement métropolitain, sans intérêts, à des entrepreneurs chargés de la mise en valeur des terres, et en un partage de produits nets entre l'État, l'entrepreneur et le cultivateur, dans des proportions indiquées. Cette proportion laissait la plus large part à l'entrepreneur et au cultivateur. Celle de l'État était encore fort belle, indépendamment de tous les avantages qu'il retirait de la propriété de l'île.

» Le système de Van der Bosch se résumait ainsi :

» 1° Profit pour le paysan destiné à lui faire accepter avec empressement l'innovation ;

» 2° Profit pour l'entrepreneur destiné à provoquer le concours de l'industrie privée ;

» 3° Prélèvement en faveur des employés du gouvernement, destiné à stimuler leur zèle et leur activité ;

» 4° Accroissement des ressources des contribuables, destinées à en augmenter le montant et faciliter le payement.

» Le bien-être de la population devant être la conséquence de cette nouvelle application, toutes les communes rurales étaient intéressées à surveiller et garantir le soin de la bonne culture.

» Par une heureuse inspiration, le gouvernement hollandais ne se laissa pas ébranler par l'incrédulité de beaucoup sur la réussite des projets du général Van der Bosch, IL OSA L'ADOPTER, et en confia l'exécution au général lui-même, qu'il nomma gouververneur-général des Indes-Orientales néerlandaises. Van der Bosch, muni de tous les moyens nécessaires à l'appui de son plan, et accompagné de jeunes compatriotes disposés à le seconder de tous leurs efforts dans le service administratif, quitta la Hollande et se rendit à son poste en 1830. »

Tel est, en résumé, le système de culture, *qui a fait la fortune* de la colonie hollandaise de Java. Nous n'avons pas l'intention de proposer au gouvernement de notre pays de l'appliquer en Cochinchine, encore bien qu'il y fût applicable, en tenant compte des temps, des lieux et des lois, *toutes différentes*, qui régissent la propriété dans ces deux colonies. Nous voulons proposer de l'appliquer par l'intermédiaire d'une Compagnie financière, mais sous la surveillance et le contrôle immédiat du gouvernement. Elle prendra la place des entrepreneurs du système hollandais, et le gouvernement n'aura pas besoin de faire d'avance de fonds. Cette manière de procéder est fort simple, et ASSURE, comme le système appliqué à Java, la richesse et la prospérité de la Cochinchine, et, par suite, la richesse et la prospérité de notre commerce et de notre marine marchande.

PLAN DE COLONISATION.

Article premier. — La Compagnie ne fera jamais de culture par elle-même en Cochinchine, et le gouvernement lui cédera seulement les terrains nécessaires à la création de ses établissements.

Art. 2. Elle fournira aux colons des instruments aratoires, semences, etc.

Art. 3. — Les colons lui tiendront compte des intérêts de ces avances à raison de 8 0/0 par année. Les deux premières années d'intérêts se cumuleront avec le capital des avances. Le remboursement du montant des avances, joint aux deux années d'intérêts cumulées, s'opérera par dixième, à partir seulement de la troisième année.

Art. 4. La Compagnie établira des usines pour

la manipulation des produits qui seront susceptibles de subir cette opération.

Art. 5. La Compagnie fera des traités avec les villages ou chaque colon en particulier. Dans ces traités, il sera stipulé qu'une quantité désignée de terre sera cultivée par chacun des colons, en produits du commerce, et une autre quantité en produits nécessaires à sa subsistance annuelle. La Compagnie prendra l'engagement d'acheter la récolte de produits destinés à subir une grande manipulation dans ses usines, moyennant un prix fixé, à l'époque de la maturité des récoltes, par un comité de taxation. Ce prix sera payé au colon avant l'enlèvement de sa récolte, sous la retenue du dixième des avances par la Compagnie, et des intérêts d'une année de ces avances. Les engagements pris par les colons, de fournir une quantité désignée de produits, aux usines de la Compagnie, ne pourra excéder trente années.

Art. 6. Le comité de taxation sera nommé par le gouverneur de la colonie.

Art. 7. Le gouvernement nommera par *huyens* (sous-préfecture), ou par circonscription, un commissaire spécialement chargé de régler les rapports entre les agents de la Compagnie et les colons. Le commissaire accompagnera le comité de taxation dans toutes les opérations d'expertise de sa circonscription. Il présentera des rapports au gouverneur de la colonie, sur toutes les parties de son service.

Art. 8. La Compagnie établira, dans chaque circonscription, un contrôleur des cultures ; sa mission consistera à fournir des renseignemens et indications aux colons, à les initier aux nouveaux procédés de culture, à stimuler leur zèle et à servir leurs intérêts près de la direction générale des cultures de la Compagnie. Il n'aura jamais à s'immiscer, d'une manière trop particulière, dans les affaires des colons, qui agiront seuls, sous son simple contrôle. Chaque contrôleur recevra une commission sur les produits sortant des usines de sa circonscription.

Art. 9. La Compagnie n'aura aucun monopole ni privilége. Tout colon pourra cultiver des terres sans son concours, et établir des usines et industries de toute nature dans la colonie.

Art. 10.—La compagnie introduira des colons chinois dans la colonie ; les frais de transport et d'installation seront comptés comme avances et remboursables dans les termes indiqués à l'article 3 ci-dessus·

Art. 11.—Le gouvernement préparera par avance les terrains de concession, et mettra les nouveaux colons en possession, le jour même de leur arrivée, et sans aucun préliminaire de formalités administratives.

Art. 12.—Les terres affectées par les indigènes

à la nouvelle culture seront exemptées dè l'impôt pendant cinq années. Toutes les terres de nouvelle concession seront exonérées de l'impôt pendant dix années.

Art. 13. — La compagnie se chargera de l'exécution de toutes voies de communication, tels que routes, canaux, chemins de fer, etc. — Elle fera de plus toutes entreprises industrielles qu'elle jugera utiles.

Art. 14. — Il sera *expressément interdit* à la Compagnie d'*exporter les produits de ses usines*. La vente en sera faite à l'amiable ou aux enchères dans la colonie même. En voici la raison : — Si la Compagnie exporte elle-même, comme elle se trouvera propriétaire de la majeure partie des produits de la colonie, elle acquiert un monopole. C'est *là ce qu'il faut éviter*. Au contraire, *en vendant sur les lieux même, elle attire* dans la colonie un grand nombre de négociants et de spéculateurs ; *c'est là un des points importants de notre système !* Il a non-seulement pour avantage de mettre immédiatement en valeur toutes les terres de la colonie et de l'enrichir, mais de créer un grand marché destiné à attirer les Européens et à faire de Saïgon l'entrepôt naturel du commerce dans l'extrême Orient. Une fois la spécualtion ainsi introduite dans la Cochinchine, *sa prospérité n'aura plus de bornes*, car la spéculation, s'étendant dans tout l'Indo Chine, cette colonie sera le débouché de cette immense contrée.

Art. 15. — L'Etat accordera à la Compagnie et aux colons la faculté d'extraire des mines et des carrières appartenant au domaine public, sans payer aucun droit ni indemnité, ni impôt, tous les matériaux nécessaires aux travaux de constructions et d'entretien des ouvrages et des établissements dépendant de l'entreprise. — Il accordera aussi la faculté de prendre tous les bois qui seront nécessaires dans les forêts dépendant du domaine public, sans payer aucun droit, ni indemnité, ni impôt.

Art. 16. — Il exonérera la Compagnie de tous droits de douane, d'entrée et autres pour l'introduction en Cochinchine de toutes les machines, instruments, outils et matières quelconques, qu'elle fera venir de l'extérieur pour les besoins de son entreprise.

Art. 17. — Les navires de service de la Compagnie seront exempts de droits de phare et de douane

Art. 18. — Le capital, pour commencer les opérations, sera de 30 millions de francs ; il sera doublé ou triplé par la suite, s'il y a nécessité.

Art. 19. — L'Etat garantira l'intérêt à raison de 5 0/0 des capitaux avancés dans l'entreprise.

Qu'il nous soit permis de faire observer, en terminant, que déjà une Compagnie se propose de co-

loniser la Cochinchine (1) Mais par quels moyens?
Nous ne pouvons le faire connaître, car elle ne s'explique pas sur les moyens qu'elle veut employer,
seulement nous savons qu'elle demande au gouvernement français, la concession de *tous les terrains
incultes longeant les fleuves qui traversent la Cochinchine.*

Il y a de quoi faire une belle expérience sur cette
étendue de terrains possédée par la Compagnie;
mais croit-on qu'elle n'éprouvera pas un échec en
colonisant?

Peut-on croire que les indigènes abandonneront
leurs propriétés, leur liberté, leur indépendance pour
aller travailler en mercenaires sur les terres d'une
Compagnie ?

Peut-on ne pas trouver disgracieux de concéder la
moitié, le tiers ou le quart de la colonie à une seule
et même personne *morale?*

Peut-on, doit-on en priver les indigènes et les
étrangers qui voudraient s'y établir?

Tous les habitants de la colonie seraient donc
aux gages d'une seule et même propriétaire?

La propriété particulière disparaîtrait?

Les habitants ne disparaîtraient-ils point avec
elle?

Ne craint-on point que le monopole des cultures

____

(1) Brochure; *L'Isthme de Suez et la Compagnie de l'extrême
Orient,* à la librairie du *Petit Journal,* boulevard Montmartre, 24,
à **Paris.**

n'entraîne avec lui le monopole du commerce : seule propriétaire, seule commerçante ?

Et enfin admettant, en dernière hypothèse, que la propriété particulière continue à exister à côté de cette grande culture, peut-on ne point redouter la concurrence des indigènes et des Chinois ?

Voici, sur ce point, l'opinion d'un éminent natu-raliste et agronome étranger qui a consacré trois années à l'étude des cultures de l'Inde et de l'Indo-Chine (1).

» Bien des probalités se réunissent pour présager des succès aux Européens qui essaieraient la grande culture ; mais je n'ose par affirmer qu'ils en retire-raient assez de profit pour résister à la concurrence des indigènes. C'est à l'expérience, ajoute-t-il, seule à le résoudre. »

« Au point de vue de la culture, l'émigration chi-noise fournira abondamment, à défaut de bras indi-gènes, toutes les forces qui lui seront nécessaires et à un taux tellement bas que la concurrence, sous ce rapport, ne saurait être redoutée, l'esclavage lui-même étant impuissant à offrir un bon marché pareil. »

Il s'exprime ainsi en dernier lieu :

« On sera peut-être surpris que je ne comprenne

(1) *Annales du commerce extérieur*, 1863.

pas le sucre au nombre des produits dont les Européens pourraient pratiquer la culture dans l'Inde; mais la facilité avec laquelle tous les Indiens le cultivent en petit, le peu de dépense que ce travail leur occasionne, la simplicité de leurs procédés et le parti qu'ils peuvent tirer des résidus dans leur commerce, forcerait les colons à livrer ce produit à trop bas prix. Malgré l'économie qu'y apporte une grande manipulation et des machines perfectionnées, il serait à craindre que les dépenses premières et les frais journaliers de plus grands établissements ne permissent pas de soutenir la concurrence des indigènes, en Cochinchine surtout où le sucre est à meilleur marché que partout ailleurs. Je ne verrais qu'un moyen à l'aide duquel les Européens pourraient affronter cette compétition ; ce serait de joindre des fabriques d'alun aux sucreries pour utiliser la mélasse dont les produits peuvent être utilisés par la distilation. »

CONCLUSION

Il nous est permis de dire, en concluant : que
nous avons grand espoir dans l'avenir de la France ;
que tout nous fait présager, pour elle, une haute
destinée future ; que cette destinée repose dans
l'accroissement de son commerce, de sa marine
marchande et de son industrie ; que l'étendue et
la prospérité de ses colonies, sont appelées à cou-
ronner l'œuvre de sa grandeur et de sa puissance.
En effet, que lui manque-il pour devenir, en tous
points, la première des nations ? — Il lui manque
des colonies vastes et prospères, un commerce et
une marine marchande considérables, pour répandre
à flots, sur le monde, les produits de ses milliers
d'industries et de manufactures.

Puissent nos souhaits s'accomplir, et la France
n'aura plus rien à envier aux autres nations dans
le monde !